同じ？ ちがう？ 使い方を考えよう！

和語《わご》 漢語《かんご》 外来語《がいらいご》

③「幸せ・幸福・ハッピー」表現編《へん》

汐文社《ちょうぶんしゃ》

まえがき

「和語《わご》・漢語《かんご》・外来語《がいらいご》」第３巻《かん》は大きく「表現編《へん》」としました。日本語の表現は実に多彩《たさい》です。和語《わご》・漢語《かんご》・外来語《がいらいご》、それぞれに意味があり、使い方が異なる場合が多く、日本語表現の豊かさを感じます。

夜空を見上げて「きれいな天《あま》の川！」と頭に浮《う》かぶのは和語《わご》でしょうか？ 宮沢賢治《みやざわけんじ》の書いた『銀河《ぎんが》鉄道の夜』は、作品のタイトルに「銀河《ぎんが》」（漢語《かんご》）が使われています。英語では「ミルキーウェイ」と言います。どうしてそんな名称《めいしょう》になったと思いますか？

みなさんの住んでいるところでは「祭り」（和語《わご》）がありますか？ 本書では「祭り」の起源《きげん》や全国で開催《かいさい》される「祭り」についても触《ふ》れています。「祭典」（漢語《かんご》）は祭りの儀式《ぎしき》です。外来語《がいらいご》の「フェスティバル」は省略《しょうりゃく》されて「フェス」と言われることが多く「野外フェス」「キャンプフェス」など広告でよく見かけます。外来語《がいらいご》を省略して使うのも日本語の特徴《とくちょう》の一つで、身の回りにも外来語《がいらいご》の省略語《しょうりゃくご》がたくさんあります。コンビニ（コンビニエンスストア）、ポリ（ポリエチレン）など、どれも身近なものです。

第３巻《かん》の「表現編《へん》」で取り上げた20項目《こうもく》にはみなさんの身近な表現である「幸せ」「腕前《うでまえ》」「歩くこと」「華《はな》やか」などの和語《わご》があります。漢語《かんご》・外来語《がいらいご》にはどんな解説があるでしょう。

「スピーディー」「テクニック」「エレガント」（外来語《がいらいご》）は日常《にちじょう》よく使われますね。では、和語《わご》や漢語《かんご》ではなんて言うと思いますか？

「表現編《へん》」では20項目《こうもく》を選びましたが、実は書きたい項目《こうもく》がリストにまだたくさんあります。みなさんも和語《わご》・漢語《かんご》・外来語《がいらいご》のリストを作成し、違《ちが》いについて考えてみませんか。みなさんの好奇心《こうきしん》に期待《きたい》しています。

佐々木《ささき》 瑞枝《みずえ》

もくじ

和語　幸せ

漢語　幸福

外来語　ハッピー

あなたは今幸せですか？

ジョン・レノンの言葉「ぼくが5歳《さい》の時、母は言った。『幸せこそ人生に必要なこと』」、その通りだと思います。幸せとは「その人にとって不満がなく、望ましい状態《じょうたい》」のことです。地震《じしん》などの災害《さいがい》で被災《ひさい》したり、戦争に苦しんでいる人たちもたくさんいます。「望ましい状態《じょうたい》」ではなく、早く「幸せな状態《じょうたい》」になってほしいですね。

「幸福」は「幸せ」と同じ意味の漢語です。古代ペルシア王キュロス二世は「自分自身を幸福だと思わない人は、決して幸福になれない」と言いました。

イギリスの劇《げき》作家シェークスピアは「世の中には幸も不幸もない。ただ考え方でどうにでもなるのだ」と言っています。「ハッピーな状態《じょうたい》」はあなたがつくり出すものなのです。

幸せ

和語

「幸せな状態《じょうたい》」とは「自己実現」ができ、「ポジティブな感情《かんじょう》」「良い人間関係や社会的つながり」があることです。脳内《のうない》でセロトニン、オキシトシン、ドーパミンという「幸福物質」が分泌《ぶんぴつ》されている状態《じょうたい》が「幸せ」とされています。心理学ではwell-being《ウェル ビーイング》と呼《よ》ばれ、「持続的により良い状態《じょうたい》になること」をあらわす考え方です。あなたは今ウェルビーイングの状態《じょうたい》にいますか？

幸福

漢語

「幸福感」は人によって違《ちが》います。自分や家族・友人たちが「健康」でいること、家族が「経済的《けいざいてき》」に不安なく暮《く》らせること、まわりに「信頼《しんらい》」できる人たちがいること。重要なのは「健康面」「金銭面《きんせんめん》」「精神面《せいしんめん》」の3つの要素《ようそ》が満《み》たされていることです。子どもにとっていちばん大事なのは健康です。栄養《えいよう》・睡眠《すいみん》に気をつけてください。次に学校での生活、先生や友だちと良い関係を保《たも》ちましょう！

ハッピー

外来語

英語のhappy《ハッピー》が外来語「ハッピー」になりました。「嬉《うれ》しい」「楽しい」「幸せな」という意味です。「幸福であること」「幸せであること」を伝える言葉にhappiness《ハピネス》がありますが、これは外来語にはなっていません。英語の慣用句《かんようく》に「多くのハッピーな状態《じょうたい》がくり返されますように（Many《メニー》 happy《ハッピー》 returns《リターンズ》）」という、相手がずっとハッピーな状態《じょうたい》でいられることを願う言葉があります。

和語
親しみやすい

漢語
友好的

外来語
フレンドリー

「親しみやすい」は「他の人との間に壁《かべ》をつくらず、会話がしやすい人柄《ひとがら》や態《たい》度《ど》」を言います。「つきあいやすい人」の意味でも使います。

「友好的な」は相手に対して好意的な態度《たいど》や言葉で接することです。形容動詞《けいようどうし》で「友好的な態度《たいど》」「友好的な雰囲気《ふんいき》」のように使われ、文末では「〜は友好的だ」「〜は友好的です」のように使います。

「フレンドリー」は「信頼《しんらい》できる」「優《やさ》しくて親切」「友だちのような」「心地よくてホッとできる」などの意味で使われます。

たとえば「サッカー部の対戦相手は『友好的な雰囲気《ふんいき》』で、キャプテンは『親しみやすくフレンドリーな』人柄《ひとがら》です」のように使います。あなたのまわりにもきっとこんな人たちがいるのではありませんか？

親しみやすい　和語

みなさんは江戸《えど》時代の禅僧《ぜんそう》（座禅《ざぜん》をおこなう禅《ぜん》宗《しゅう》の僧侶《そうりょ》）「良寛《りょうかん》さん」の話を聞いたことがありますか？ 子どもたちにも「親しみやすい人柄《ひとがら》」で、「子どもたちとかくれんぼをしていた時、日が暮《く》れて子どもたちは家に帰ってしまったのに、良寛《りょうかん》さんはずっと隠《かく》れ続けていた」というエピソードがあります。あなたのまわりにも「地位は高いのに親しみやすい人」がいるのではありませんか？

友好的　漢語

世界を旅していると、さまざまな経験《けいけん》をします。「こんにちは」と日本語で話しかけてくる「友好的な人」、道を聞くと翻訳《ほんやく》ソフトを使いながら「友好的な態度《たいど》」で教えてくれる人に出会いました。旅で出会った人全部が「友好的だった」わけではありませんが、「日本人に対して友好的な人たち」が多いように思います。これからも「日本の友好国」が世界に広がってくれるといいですね。

フレンドリー　外来語

「フレンドリー」は英語friendly《フレンドリー》から来た外来語です。日本では初対面の人との挨拶《あいさつ》にお辞儀《じぎ》をしますが、欧米《おうべい》では握手《あくしゅ》をします。「フレンドリーな微笑《ほほえ》み」を浮《う》かべながら握手《あくしゅ》をするのは、とても良い挨拶《あいさつ》だと思います。そこから「フレンドリーな関係」に発展《はってん》することも多いのです。でも時々「フレンドリーすぎる人」がいます。外国旅行では「スリ」にも気をつけましょうね！

和語

気持ちの浮《う》き沈《しず》み
（せつなさ）

漢語

情緒的《じょうちょてき》

外来語

センチメンタル

「明日は遠足」という時、嬉《うれ》しくて心が騒《さわ》いで落ち着かないのではありませんか？　反対に試験で悪い点をとると何だか心が重く感じられると思います。人は「気持ちの浮《う》き沈《しず》み」を経験《けいけん》しながら大人《おとな》になっていくのです。「せつなさ」は悲しさ、寂《さび》しさ、恋《こい》しさなどで胸《むね》を締《し》めつけられるような気持ちを言います。

仲の良い友だちから「転校する」と言われた時などは、感情《かんじょう》が揺《ゆ》さぶられると思います。「情緒的《じょうちょてき》」とは人間の感情《かんじょう》の高まった状態《じょうたい》や気持ちの浮《う》き沈《しず》みが激《はげ》しい状態《じょうたい》を言います。

「君が転校するなんて、何だかセンチメンタルになっちゃうな」。「センチメンタル」は感じやすく涙《なみだ》もろい状態《じょうたい》を言います。友との別れ、つい涙《なみだ》がこぼれてしまいますよね。

気持ちの浮《う》き沈《しず》み（せつなさ）

和語

みなさんはどんな時にテンションが上がりますか？ クラブ活動したくなったり、授業《じゅぎょう》中積極的に手を上げたり、活動的になると思います。反対に試験で悪い点をとったり、仲の良い友だちと喧嘩《けんか》したりするとテンションが下がったりします。「気持ちの浮《う》き沈《しず》み」は「テンションが上がったり下がったり」と言い換《か》えることもできます。

情緒的《じょうちょてき》

漢語

みなさんは「忠犬《ちゅうけん》ハチ公」の話を知っていますか？「忠犬《ちゅうけん》ハチ公」は大正末期、東京の渋谷《しぶや》駅まで飼《か》い主《ぬし》の帰りを出迎《でむか》えに行っていましたが、飼《か》い主《ぬし》の死去後も10年にわたって毎日、渋《しぶ》谷《や》駅で飼《か》い主《ぬし》の帰りを待ったそうです。この話を聞くと誰《だれ》でも感情《かんじょう》が揺《ゆ》さぶられて「情緒的《じょうちょてき》」になり、「せつなさ」を覚えるのではないでしょうか？

センチメンタル

外来語

日本には四季がありますが「秋になるとセンチメンタルになる」という人がたくさんいます。秋は陽の光が弱くなり、木々は紅葉《こうよう》したあと葉を落とします。自然の変化に敏感《びんかん》な人々は「センチメンタル」になります。生命が循環《じゅんかん》していくさまに影響《えいきょう》を受け、センチメンタルになって自然に涙《なみだ》が流れるのです。もしかしたら大人《おとな》になってはじめて知る感情《かんじょう》かもしれません。

和語

華《はな》やか

漢語

多《た》彩《さい》

外来語

カラフル

「華《はな》やか」は際立って鮮《あざ》やかで美しい様子を言います。お正月に初詣《はつもうで》に行く時、母や姉は「華《はな》やかな着物姿《すがた》」になります。「華《はな》やかに着飾《かざ》る」と、いつもジーンズ姿《すがた》の姉などまるで別人のようです。初詣《はつもうで》の後《あと》は新年会です。とても豪華《ごうか》で「華《はな》やかな会場」に親戚《しんせき》一同が揃《そろ》うと、一層《いっそう》「華《はな》やか」になります。

「多彩《たさい》」は色とりどりで美しいこと、種類が多く変化に富《と》んでいることを言います。

新年会にはお寿司《すし》や天ぷら、かに料理や中華《ちゅうか》料理と「多彩《たさい》な料理」がありました。中華《ちゅうか》料理は海老《えび》の赤、野菜の緑や黄色、豆腐《とうふ》の白と「色も多彩《たさい》」でした。

「カラフル」は英語のcolorful《カラフル》の外来語です。色の種類がとても多く、「色彩豊《しきさいゆた》か」で華《はな》やかな様子に使います。カラフルを連想させる言葉に「色とりどり」もあります。

華《はな》やか

和語

「華《はな》やか」は形容動詞《けいようどうし》で「華《はな》やかに着飾《きかざ》る」のように「〜に＋動詞《どうし》」のかたちで使われます。また「華《はな》やかさ」は名詞《めいし》で、姿《すがた》かたち、色や音などの調和がとれていて心を奪《うば》われるようなもののことを言います。みなさんは日光東照宮《にっこうとうしょうぐう》に行ったことがありますか？　有名な陽明門《ようめいもん》は「華《はな》やかな建築《けんちく》様式」で圧倒《あっとう》されますよ。

多彩《たさい》

漢語

小学校の修学旅行《しゅうがくりょこう》先としても人気のある日光《にっこう》東照宮《とうしょうぐう》は「多彩《たさい》な建築物《けんちくぶつ》や彫刻《ちょうこく》」でも有名です。陽明門《ようめいもん》の左右の廻廊《かいろう》には、「多彩《たさい》な色彩《しきさい》」がほどこされた花鳥《かちょう》の彫刻《ちょうこく》があります。宝物館《ほうもつかん》には朝廷《ちょうてい》や将軍家《しょうぐんけ》からの「多彩《たさい》な奉納品《ほうのうひん》」があります。また五重塔《ごじゅうのとう》には十二支《じゅうにし》の彫刻《ちょうこく》があり「多彩《たさい》な表情《ひょうじょう》」を見せてくれます。

カラフル

外来語

子どもたちがいちばん「カラフルな衣装《いしょう》」を着るのは、「ハロウィン」ではないでしょうか？「カラフルなかぼちゃ」をくり抜《ぬ》いて飾《かざ》ったり、子どもたちが「カラフルな仮装《かそう》」をしたりします。最近は子どもといっしょにお母さんも「カラフルなコスプレ」でイベントに参加していますよ。

和語

品の良い

漢語

優雅《ゆうが》

外来語

エレガント

「品が良く」「優雅《ゆうが》」で「エレガント」な人を一人思い浮《う》かべるとしたら、わたしの場合は「竹取物語」の登場人物「かぐや姫《ひめ》」です。

かぐや姫《ひめ》は月からの迎《むか》えの使者が来て、月に帰ってしまいます。別れを告《つ》げる場面は、原文では次のように書かれています。「心ばへなどあてやかにうつくしかりつる事を見ならひて」。これは「（かぐや姫《ひめ》の）気立てなどが優雅《ゆうが》で愛らしかったことを（召使《めしつか》いたちは）見慣《みな》れていて」という意味ですが、原文は小学生には難《むずか》しいかもしれません。文章の主語が省略《しょうりゃく》されていて読みにくいと思います。ここでは「あてやかにうつくしかりつる」がわかれば十分です。

かぐや姫《ひめ》は竹の中からあらわれて、竹取のお爺《じい》さんとお婆《ばあ》さんに育てられたたにもかかわらず「品が良く」「優雅《ゆうが》」で「エレガント」なお姫《ひめ》様に成長し、帝《みかど》までが求婚《きゅうこん》に訪《おとず》れるようになりました。ぜひ「竹取物語」を読んでみてくださいね。

品の良い

和語

「上品」「下品」という表現があります。「品の良い」は上品なこと、具体的には次のようなことで判断《はんだん》します。「言葉遣《づか》い」「動作の美しさ」「性格《せいかく》は穏《おだ》やか」「物腰《ものごし》が柔《やわ》らかい」「服装《ふくそう》はシンプルで清潔《せいけつ》」「姿勢《しせい》がいい」「マナーを守る」「大きな声で話さない」「さりげない気遣《きづか》いができる」など。みなさんのまわりの大人《おとな》を思い浮《う》かべてみてください。でも子どものうちはまだ気にしないで元気に遊びましょう！

優雅《ゆうが》

漢語

「優雅《ゆうが》」は上品で美しいことです。「優雅《ゆうが》な生活」ってどんな日常《にちじょう》だと思いますか？「あくせくすることなくゆったりした日常《にちじょう》」です。平安貴族《きぞく》の生活は和歌を詠《よ》んだり舟遊《ふなあそ》びをしたり、「毎日優雅《ゆうが》に暮《く》らしている」ように見えますが、今のみなさんと比《くら》べてみましょう。京都の夏は暑く冬は寒いのにエアコンもありません。現代人からみれば不便《ふべん》な生活で、決して「優雅《ゆうが》に暮《く》らしている」とは思えませんね。

エレガント

外来語

「エレガント」は「上品な」「端正《たんせい》な」「優雅《ゆうが》な」を意味し、人や人の動作、服装《ふくそう》などに使います。元は「上流階級の人々のハイセンスなおしゃれ」に使われた言葉で、それが現代語の意味になりました。反対の言葉には漢語で「野暮《やぼ》」などがあります。「わたしの学校の音楽の先生は服装《ふくそう》も話し方もとてもエレガントです」「叔母《おば》の別荘《べっそう》にはインテリアがエレガントな部屋があります」のように使います。

和語

延《の》びる／伸《の》びる

漢語

延長《えんちょう》

外来語

ストレッチ

みなさんは新幹線《しんかんせん》に乗ったことがありますか?

新幹線《しんかんせん》ができたのは１９６４年、世界初の高速鉄道でした。現在《げんざい》もスピードと安全性《あんぜんせい》、線路設備《せつび》、そして定時運行は世界随一《ずいいち》と言われています。新幹線《しんかんせん》の路線は北海道から九州南端《なんたん》まで「延《の》びて」「総延長《そうえんちょう》」は約３３００キロメートルもあります。

「延《の》びる」「延長《えんちょう》する」は「地下鉄が郊外《こうがい》に延《の》びる」のように「そこまで行く」という意味があります。広がる、時間を引き延《の》ばすなどの意味もあります。

「ストレッチ（ストレッチング）」は「体を伸《の》ばす」という意味で、柔軟体操《じゅうなんたいそう》のことです。漢字は「伸《の》ばす」を使い、身体をリラックスさせたり、体調を整えるための運動です。日本でも多くの人が健康管理のために習慣的《しゅうかんてき》におこなっている運動としてストレッチを取り入れているようです。

延《の》びる／伸《の》びる
和語

「延《の》びる」は時間や距離《きょり》が長くなることです。「大売り出しの期間が延《の》びる」「日本人の寿命《じゅみょう》が延《の》びている」のように使います。「足を延《の》ばす」「時間を延《の》ばす」のように他動詞《たどうし》として使うこともあります。

「伸《の》びる」には「それ自身が長くなる」という意味があり、「伸《の》びるホース」などと使います。

延長《えんちょう》
漢語

保育園では「延長《えんちょう》保育」を希望する親が増《ふ》えているそうです。残業で時間内に子どもを迎《むか》えに行けないなどの理由です。この場合は「時間の延長《えんちょう》」ですが、電源《でんげん》コードの長さが足《た》りない時などに「コードを延長《えんちょう》する」「延長《えんちょう》USB《ユーエスビー》ケーブル」という使い方もあります。

土木工事で言う「延長《えんちょう》」は「道路を延長《えんちょう》する」のように「距離《きょり》を延《の》ばすこと」を言います。

ストレッチ
外来語

英語のstretch《ストレッチ》をカタカナで書いたもので、「伸《の》ばす」「広げる」「引き伸《の》ばす」などの意味があります。日本では「柔軟体操《じゅうなんたいそう》」の意味で使われることも多く、また、衣類《いるい》などでも「ストレッチ素材《そざい》」という表記が見られます。ストレッチ素材《そざい》は、縦《たて》方向と横方向などに伸《の》びる生地《きじ》です。

和語

足取り

漢語

歩調

外来語

ステップ

「君はいつも『元気な足取り』で歩いているね」、散歩している人にそう言われたことがあります。「ありがとうございます。お爺《じい》さんは『しっかりした足取り』ですね」と言ったら、にっこりしてくれました。わたしの父はいつも「軽やかな足取り」、弟は転んで怪我《けが》をして「ぎこちない足取り」です。

クラスメートと通学する時は「歩調を合わせて」歩きます。いっしょにロボットをつくる時も「歩調を合わせます」。物事を複数の人で協力して進める時にも「歩調を合わせる」を使うのです。

「ステップ」はダンスをする時の足の運びのことです。わたしはダンスが苦手《にがて》で体育の時間に「ステップが重いよ」と先生に注意されることがあります。隣《となり》の席のI《アイ》さんはダンスが上手《じょうず》で「軽いステップ」、ちょっと羨《うらや》ましいな！

足取り

和語

「足取り」は足の運び、歩調のことです。「足取り軽く」は元気で楽しいことに向かう時の様子です。「明日は遠足です。母と遠足のお菓子《かし》を買いに行きます」と友人は足取り軽く買い物に向かいました。「足取り重く」は気が進まないことをする時の表現です。「今朝寝坊《ねぼう》して遅刻《ちこく》してしまい、これから担任《たんにん》の先生に遅刻《ちこく》理由を言いに行きます」と彼《かれ》は「足取り重く」廊下《ろうか》を歩いていきました。

歩調

漢語

英国バッキンガム宮殿《きゅうでん》の前庭で「衛兵交代式《えいへいこうたいしき》」を見たことがあります。真っ赤な服と黒い帽子《ぼうし》の衛兵《えいへい》たちの「歩調を揃《そろ》えた行進」は実に見事です。「歩調を乱《みだ》す」衛兵《えいへい》は一人もいません。衛兵《えいへい》の交代式《こうたいしき》の歴史は古く1485年頃《ごろ》にはじまったそうです。数百年もの間、毎日、衛兵《えいへい》たちは「歩調を乱《みだ》す」ことなく「交代式《こうたいしき》」を続けてきたのです。「衛兵交代式《えいへいこうたいしき》」の様子はインターネットの動画でも見られますよ！

ステップ

外来語

ダンスにはさまざまな種類がありますが、小学校の授業《じゅぎょう》で取り入れられているダンスには次のようなステップがあります。ボックスステップ、サイドステップ、キックステップなどです。近所の子《こ》どもダンス教室の発表会では、子どもたちが、さまざまなステップを上手《じょうず》に組み合わせて踊《おど》っていました。

和語
見目麗《みめうるわ》しい

漢語
格好《かっこう》いい

外来語
スタイリッシュ

「見目麗《みめうるわ》しい」とは、容姿端麗《ようしたんれい》を意味します。見た目が美しく整っている様子を表現するのに使われます。

「格好《かっこう》いい」と言う表現は男性《だんせい》にも女性《じょせい》にも使えます。見かけのスタイルや服装《ふくそう》にも使えますが、「あの人、服装《ふくそう》も歩き方も話し方も格好《かっこう》いい」のように、爽《さわ》やかな行動や態度《たいど》にも使えます。お年寄《としよ》りにさっと席を譲《ゆず》った人の行動も「格好《かっこう》いい」の対象《たいしょう》になります。

「スタイリッシュ」は服装《ふくそう》が洗練《せんれん》されていること、また物腰《ものごし》が優雅《ゆうが》であることを言います。建築物《けんちくぶつ》や部屋のインテリアなど、広い用途《ようと》で使えます。

見《み》目《め》麗《うるわ》しい

和語

「ねー、あの人素敵《すてき》だよね」「見た目で判断《はんだん》しちゃだめだよ」、中学生たちがそんな会話をしています。「見た目」は容姿《ようし》に対して使いますが、「見目《みめ》麗《うるわ》しい」は見た目の容姿《ようし》が美しく整っているだけでなく、精神的《せいしんてき》にも豊《ゆた》かで気高《けだか》い様子をあらわしているように思われます。現代語ではあまり使われない文語の形容詞《けいようし》です。男性《だんせい》に対しては「眉目《びもく》秀麗《しゅうれい》」という顔かたちを褒《ほ》める言葉があります。

格好《かっこう》いい

漢語

「格好《かっこう》いい」の使用範囲《はんい》は広く、「英語がペラペラで格好《かっこう》いい」「ピアノが上手《じょうず》で格好《かっこう》いい」など外見、性格《せいかく》、行動などに対して使う他、持ち物やおもちゃなどにも使います。あなたが持っているいちばん格好《かっこう》いい「物」はなんですか？ カバンかな、靴《くつ》かな、それともおもちゃ、折り紙で折った「格好《かっこう》いいコマ」でしょうか？ 自分の持ち物を思い浮《う》かべてみましょう。

スタイリッシュ

外来語

今の時代の流行に合っていること、態度《たいど》や洋服のスタイルが優雅《ゆうが》で洗練《せんれん》されていることなどに使われます。品詞《ひんし》は形容動詞《けいようどうし》で「スタイリッシュな～」と使います。「スタイリッシュな雰囲気《ふんいき》の子ども部屋ですね。カーテンの模様《もよう》や本棚《ほんだな》の色が素敵《すてき》です」「このコーヒーカップ、スタイリッシュなデザインで気に入りました」などのように使います。

和語　歩くこと

漢語　散歩

外来語　ウォーキング

「歩くこと」は健康を維持《いじ》したり足腰《あしこし》の筋肉《きんにく》を鍛《きた》える上で大切です。日本の子どもはたいていの場合、小学校に歩いて通学できるので、「歩くこと」は毎日の基本《きほん》的《てき》な運動となっていますが、世界には親の送り迎《むか》えがなければ子どもが小学校まで「歩くこと」もできない危険《きけん》な国もたくさんあります。

「散歩」は気晴《きば》らしや健康のためにブラブラ歩くことです。近くの公園を特にあてもなく歩くのも散歩です。「散策《さんさく》」とも言います。

「ウォーキング」は全身運動として推奨《すいしょう》されている基本的《きほんてき》な運動です。姿勢《しせい》正しくリズミカルに動くことで呼吸筋《こきゅうきん》が使われ、心肺機能《しんぱいきのう》も向上し、脳内《のうない》にも新鮮《しんせん》な酸素《さんそ》が取り込《こ》まれます。友だちとおしゃべりしながらダラダラ歩くのはウォーキングではありません。

歩くこと

和語

遠足の時、先生が大きな声で「みんな、ノロノロ歩かないでね。次はキリンを見に行きます。スタスタ歩きましょう」と言いました。そばを親子連れが通ります。子どもはまだヨチヨチ歩きです。あ、カンガルーの檻《おり》です。カンガルーがピョンピョン跳《は》ねています。これらは歩き方のオノマトペです。歩き方もいろいろですね。

散歩

漢語

「散歩」する場所を選ぶ時「景色の良いこと」「できればお金のかからないこと」をあげる人も多いと思います。「犬の散歩お願い」とお母さんに頼《たの》まれたり、家族や友人と散歩をしたりしていますか？

子どもにとって信号の多い道路は危険《きけん》なので、自宅《じたく》の近くに公園や遊歩道のある川や池などがあると、安全に散歩が楽しめますね。

ウォーキング

外来語

ウォーキングは老若男女《ろうにゃくなんにょ》を問《と》わずできる運動として人気があります。でもただ歩くだけではウォーキングにはなりません。フォームを意識《いしき》して、視線《しせん》は自然に前に向け（携帯《けいたい》電話を見てはいけません）、背筋《せすじ》を伸《の》ばして歩きます。ダイエットや健康維《い》持《じ》を目的としている場合は、速度を意識《いしき》して早く歩きましょう！

和語

動かす力

漢語

活動力

外来語

エネルギー

エジプトの首都カイロに行くと、郊外《こうがい》に３つのピラミッドがまるで岩山のようにそびえています。信じられないほど巨大《きょだい》な建造物《けんぞうぶつ》です。いちばん大きいクフ王のピラミッドは平均《へいきん》２・５トンの巨石《きょせき》が２３０万個《こ》も使われています。紀元前《きげんぜん》２５５０年ごろにつくられたと考えられていますが、この巨石《きょせき》を「動かす力」は一体どのようなものだったのか今でも謎《なぞ》です。

「活動力」とは前向きで建設的《けんせつてき》、積極的な行動力のことを言います。ピラミッドの建設《けんせつ》はまさに人間の「活動力」がなければできなかったことです。

「エネルギー」とは、物体が仕事をすることができる能力《のうりょく》やその量を言います。ピラミッドは人間の持つ「運動エネルギー」によって建設《けんせつ》されましたが、現代では熱、電磁気《でんじき》、光などのエネルギーが効果的《こうかてき》に使われています。

動かす力

和語

古代エジプトでつくられたピラミッドは、実際どのように巨大《きょだい》な石を積み上げていったのでしょうか？ 人間の「石を動かす力」には限界《げんかい》があります。今考えられているのは、まず直線型の傾斜《けいしゃ》のある巨大《きょだい》な道をつくり、そこを水で湿《しめ》らせて、そり、ロープ、てこなどを使って石を運び上げたという説です。多くの人の「動かす力」が必要でした。

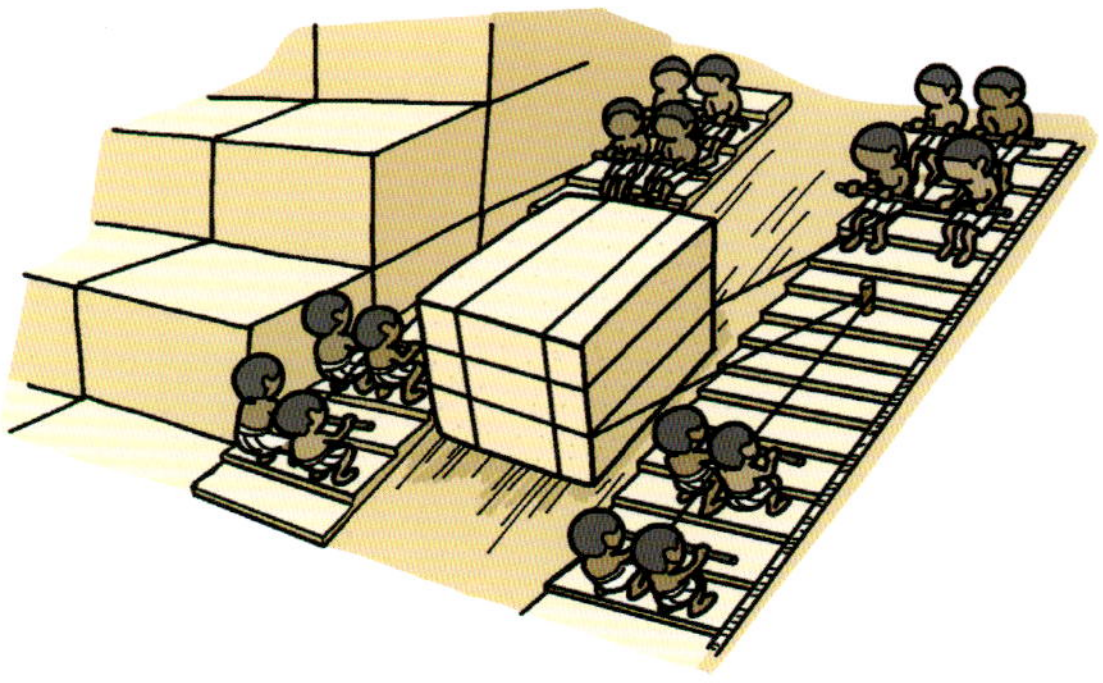

活動力

漢語

巨大《きょだい》なピラミッドはどんな人たちの「活動力」でつくられたのでしょうか？ まず「専門《せんもん》の技術者《ぎじゅつしゃ》の活動力」で設計《せっけい》され、「指導者《しどうしゃ》の活動力」でピラミッド建設労働者《けんせつろうどうしゃ》のチームが編成《へんせい》され、「文字が書ける専門家《せんもんか》の活動力」で作業記録が文字で残され、年間を通して「建設《けんせつ》現場に居住《きょじゅう》した人々の活動力」で作業がおこなわれるなど、多くの活動力があって建設《けんせつ》されたものです。

エネルギー

外来語

ピラミッド建設《けんせつ》のエネルギーは「強制労働《ろうどう》」で「奴隷《どれい》」のエネルギーによるもの（古代ギリシャの歴史家ヘロドトスの説）とされていた時期もありますが、今はその説は否定《ひてい》されています。ギザのピラミッド付近では労働者《ろうどうしゃ》の家族の骨《ほね》と見られる女性《じょせい》や子どもの骨《ほね》が見つかり、ピラミッド建設《けんせつ》には専属《せんぞく》の労働《ろうどう》者《しゃ》もいたと考えられているのです。

和語

速さ

漢語

速度

外来語

スピーディー

「速さ」は移動《いどう》にかかる時間に対して「速い」「遅《おそ》い」と使います。オリンピックの100メートル走では9秒《びょう》台で走る選手が決勝に進出しています。小学生の100メートル走の平均《へいきん》は、10歳《さい》で18秒《びょう》くらいです。あなたはどのくらいの「速さ」で走れますか?

「速度」は「速さ」と「向き」の両方を併《あわ》せ持った漢語です。みなさんの学校の「インターネット回線の速度」を見てみましょう。重いファイルをダウンロードするスピードでわかりますよ。「通信速度」を測定《そくてい》して、快適《かいてき》なインターネット環境《かんきょう》を整えることは大切です。

「スピーディー」は形容動詞《けいようどうし》で物事や動作が素早《すばや》く能率《のうりつ》よくおこなわれることです。「スピーディーに走る」「スピーディーな判断《はんだん》」のように使います。

速さ

和語

車の「速さ」は「時速〇キロメートル」と表現します。日本の高速道路では、ほとんどの場所は時速100キロメートル以下に制限《せいげん》されています。日本の車は性能《せいのう》が良いものが多く、外国に輸出《ゆしゅつ》される車は「時速300キロメートル」も出せるものがあります。小学校の通学路などでは「車の速さ制限《せいげん》」があり、車は時速30キロメートル以下で走ることになっています。

速度

漢語

インターネット回線には「速度制限《せいげん》」があります。一定期間（たとえば１ヶ月）に大量の通信をした場合やデータ利用量が規定《きてい》の量を超過《ちょうか》した場合に、しばらくの間「速度制限《せいげん》」がかかり、インターネットが使いにくくなります。みなさんはスマートフォンを持っていますか？　スマートフォンで、動画を長時間見続けると、「速度制限《せいげん》」がかかって画面が乱《みだ》れた、そんな経験《けいけん》はありませんか？

スピーディー

外来語

「スピーディー」は「速い」「迅速《じんそく》な」という意味です。「素早《すばや》い」「速《すみ》やか」と意味は同じです。

給食《きゅうしょく》当番でシチューが出た時、「もっとスピーディーに」と後《うし》ろに並《なら》んでいる生徒に文句《もんく》を言われました。でも、シチューって器《うつわ》に入れるの大変なんですよね！「スピーディーにと言われても、これで精一杯《せいいっぱい》です」。

日本語の使い分け「嬉《うれ》しい・楽しい」はどう違《ちが》う？

日本人は小学校から国語教育で「日本語」を勉強し、また日常《にちじょう》生活の中で周囲から言葉を学んでいきますが、「似《に》ている日本語の使い分け」を意識《いしき》しないままに、スピーチや会話で誤った表現をしてしまうことがあります。

「嬉《うれ》しい・楽しい」はどちらも「喜び」の感情《かんじょう》を表現している点では共通していますが、使い方は全く異《こと》なります。

どう違《ちが》うのでしょう？

★【クイズ】下の（　）内の「嬉《うれ》しい・楽しい」、どちらが正しい表現だと思いますか？

❶Fさんからメールが来ると（嬉《うれ》し・楽し）くて授業中《じゅぎょうちゅう》も見ずにはいられないんです。
❷はじめてスノーボードをしてみたけど、（嬉《うれ》しい・楽しい）スポーツだね。
❸クラブ活動にそんな顔して参加していて（嬉《うれ》しい・楽しい）の？
❹運動会で思わず君に会えて（嬉《うれ》しかったよ・楽しかったよ）。
❺校長先生がこんなに（嬉《うれ》しい・楽しい）方だとは思いませんでした。
❻クラブ活動で孤立《こりつ》している時にあなたに声をかけられて本当に（嬉《うれ》しかった・楽しかった）。
❼クラスメートと過ごした夏合宿はすごく（嬉《うれ》しかった・楽しかった）。
❽姉からのクリスマスプレゼントが前から欲《ほ》しかったゲームソフトだったので（嬉《うれ》しかった・楽しかった）。
❾テレビでサッカー観戦をしている時がいちばん（嬉《うれ》しい・楽しい）。
❿幼稚園《ようちえん》の時の友だちにコンビニで偶然《ぐうぜん》会えてとても（嬉《うれ》しかった・楽しかった）。

みなさんならすぐに答えがわかるのではありませんか？

「嬉《うれ》しい」は以前から期待していた状態《じょうたい》が発生した時に使いますが、「楽しい」はハッピーな感情《かんじょう》が継続《けいぞく》している時に使います。「試験で良い点数をとった時」は嬉《うれ》しい感情《かんじょう》です。

「家族でバーベキューをした時」は楽しい感情《かんじょう》です。

【正解《せいかい》】

❶Fさんからメールが来ると（嬉《うれ》し）くて授業中《じゅぎょうちゅう》も見ずにはいられないんです。
❷はじめてスノーボードをしてみたけど、（楽しい）スポーツだね。
❸クラブ活動にそんな顔して参加していて（楽しい）の？
❹運動会で思わず君に会えて（嬉《うれ》しかったよ）。
❺校長先生がこんなに（楽しい）方だとは思いませんでした。
❻クラブ活動で孤立《こりつ》している時にあなたに声をかけられて本当に（嬉《うれ》しかった）。
❼クラスメートと過ごした夏合宿はすごく（楽しかった）。
❽姉からのクリスマスプレゼントが前から欲しかったゲームソフトだったので（嬉《うれ》しかった）。
❾テレビでサッカー観戦をしている時がいちばん（楽しい）。
❿幼稚園《ようちえん》の時の友だちにコンビニで偶然《ぐうぜん》会えてとても（嬉《うれ》しかった）。

「似《に》ている日本語」は他にも次のようなものがあります。

- 「逃《に》げ道」と「抜《ぬ》け道」……「逃《に》げ道」は「逃《に》げていくことのできる道」で、「失敗した時の逃《に》げ道」のように、心理的な意味で「責任《せきにん》を避《さ》ける方法」という意味でも使われます。「抜《ぬ》け道」はメインストリート以外の近道などに使われます。
- 「無料」と「ただ」……「無料」も「ただ」も代金を払《はら》う必要がないという点では共通しています。書き言葉には「無料」（漢語）が、話し言葉には「ただ」（和語）が使われることが多いです。
- 「誘《さそ》い」と「勧《すす》め」……「誘《さそ》い」は人に行動を勧《すす》める時に「良いこと」にも「悪いこと」にも使います。「勉強会に誘《さそ》う」「ギャンブルに誘《さそ》う」。それに対して「勧《すす》め」は「自分が良いと思ったことを相手にするように言うこと」です。「食事には野菜を多く摂《と》るように勧《すす》められました」のように使います。

似《に》ている日本語はその他にもたくさんの表現があります。興味《きょうみ》があれば、ぜひ自分でも調べてみてください。そうすることで、自信を持って作文に書いたりスピーチしたりできるようになると思います。

和語

腕前《うでまえ》

漢語

技術《ぎじゅつ》

外来語

テクニック

「腕前《うでまえ》」は身につけた技術《ぎじゅつ》や能力《のうりょく》のことです。「お母さんの『料理の腕前《うでまえ》』はレストランのシェフにも劣《おと》りませんよ」。わたしがそう褒《ほ》めると「わたしはあなたのゲームの腕前《うでまえ》にはかなわない」と母。父はいつも「運転の腕前《うでまえ》」を披露《ひろう》してくれます。姉の「ダンスの腕前《うでまえ》」は誰《だれ》もが認《みと》めるところです。

「技術《ぎじゅつ》」は産業・医療《いりょう》・事務などの分野で、モノを生産したり組織したりする時の仕方や技《わざ》を言います。「わたしが通《かよ》っている学習塾《がくしゅうじゅく》は指導《しどう》技術《ぎじゅつ》が高い」のように使います。

「テクニック」は特定の分野や活動での、熟練《じゅくれん》した技術《ぎじゅつ》や方法を指します。「和紙をつくるテクニック」「油絵を描《か》くテクニック」「サッカーのシュートのテクニック」「映画《えいが》製作《せいさく》のテクニック」「照明技術《ぎじゅつ》のテクニック」などあらゆる分野で使われます。

腕前《うでまえ》

和語

「腕前《うでまえ》」は「料理」「ゲーム」「運転」「ダンス」などさまざまな分野において、能力《のうりょく》が高いことを言います。似《に》ている表現に「技《わざ》」があります。「ゲームの技《わざ》」「ダンスの技《わざ》」のように使えますが、「技《わざ》」は具体的な技術《ぎじゅつ》やテクニックを指します。「腕前《うでまえ》」がすぐれていることを「腕達者《うでだっしゃ》」と言います。母はわたしの「パソコンの腕前《うでまえ》」を評価《ひょうか》してくれていますが、まだ「腕達者《うでだっしゃ》」とは言えません。

技術《ぎじゅつ》

漢語

わたしはロボットに興味《きょうみ》があります。「ロボットの組み立ての技術《ぎじゅつ》」を身につけたいのですが、それには「専門的《せんもんてき》な技術《ぎじゅつ》」が必要です。ロボットのデザインには「洗練《せんれん》された技術《ぎじゅつ》」も必要です。きっとロボット制作者には「技術《ぎじゅつ》が高い人たち」が揃《そろ》っているのでしょうね。世界中の工場でオートメーション化のために日本の「ロボット技術《ぎじゅつ》」が使われているそうです。

テクニック

外来語

「テクニック」は技術《ぎじゅつ》、技巧《ぎこう》、技法《ぎほう》の意味で使われます。「テクニックがある」という意味は「すぐれた技能《ぎのう》を持っているさま」のことです。

父の車の運転が上手《じょうず》なのは「車の安全運転のテクニック」をきちんと学習したからだそうです。「カーブの手前でスピードを落とす」「ヘッドライトを早めに点灯《てんとう》する」なども基本的《きほんてき》なテクニックの一つだそうです。

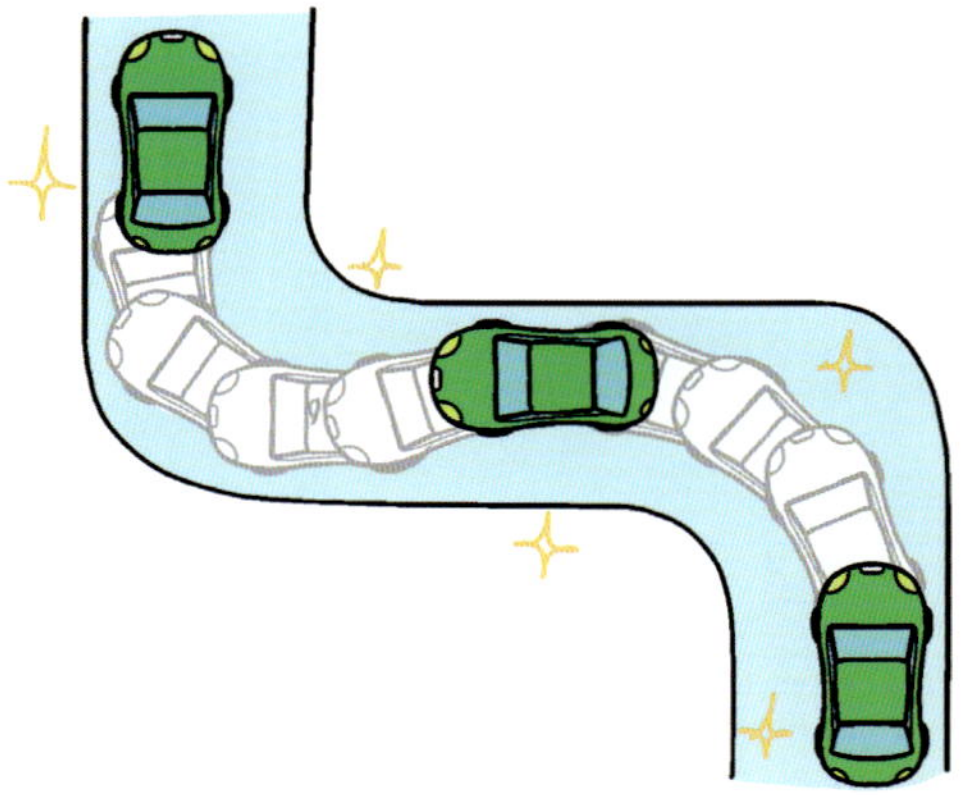

和語
祭り

漢語
祭典

外来語
フェスティバル

「祭り」は春夏秋冬を問《と》わずおこなわれますが、季節によって異《こと》なる特徴《とくちょう》があります。春は日本の田植《たう》えの時期で豊作祈願《ほうさくきがん》の祭り、夏は七夕《たなばた》に由来《ゆらい》する祭りなど、秋は収穫《しゅうかく》に対する感謝《かんしゃ》の祭り、そして冬は農閑期《のうかんき》に田の神をねぎらい、新年を迎《むか》えるための祭りなどがおこなわれます。

俳句《はいく》には「季語」があり「祭」は夏の季語とされ、他にも「春祭」や「秋祭」などがあります。

フェスティバル（略《りゃく》してフェス）も季節を問《と》わず開催《かいさい》されます。夏は「音楽フェス」など野外での開催《かいさい》が多く、冬は大きなホールや展示場《てんじじょう》でおこなわれる「冬フェス」も盛《さか》んで、会場内が暖《あたた》かいのが嬉《うれ》しいです。

祭り

和語

「祭り」は「五穀豊穣《ごこくほうじょう》」や「厄除《やくよ》け」「神々への感謝《かんしゃ》」の意味があります。起源《きげん》は古事記の「天岩《あめのいわ》戸《と》隠《がく》れ」だと言われています。

日本にはさまざまな祭りがあります。祇園《ぎおん》祭《まつり》、青森ねぶた祭、仙台七夕《せんだいたなばた》まつり、さっぽろ雪まつり、秩父《ちちぶ》夜祭など、どの祭も個性的《こせいてき》で地域《ちいき》の特徴《とくちょう》が生きています。いつかぜひ自分の目で確《たし》かめてください。

祭典

漢語

祭りの儀式《ぎしき》を「祭典」と言います。神仏《しんぶつ》や祖《そ》先《せん》に感謝《かんしゃ》・祈願《きがん》するための儀式《ぎしき》です。「祈祷《きとう》」や「お祓《はら》い」「行列」がおこなわれます。

「先祖《せんぞ》の祭祀《さいし》」「祭祀《さいし》行事」のように個人《こじん》的な事柄《ことがら》にも使われますし、宗教《しゅうきょう》には関係なく「『冬の祭典』―雪まつり」「オリンピックはスポーツの祭典」のようにも使われます。大掛《おおが》かりで華《はな》やかな行事に対して使われるのです。

フェスティバル

外来語

「フェスティバル」は英語の「festival《フェスティバル》」をカタカナにした外来語です。日本では、イベントやショーなどもフェスティバルと言われます。「野外フェス」（野外でするフェスティバルの省略語《しょうりゃくご》）の中にはテントでの宿泊《しゅくはく》や自炊《じすい》などができる「キャンプフェス」と呼《よ》ばれるものもあります。似《に》ている表現の「カーニバル」は仮《か》装《そう》やパレードを楽しむイベントのことです。

和語
年越《とし》《こ》し

漢語
大晦日《おおみそか》

外来語
ニューイヤーイブ

日本の「大晦日《おおみそか》」の「年越《としこ》しの行事」には、寺院で鳴らされる「除夜《じょや》の鐘《かね》」のように宗教的《しゅうきょうてき》な色彩《しきさい》を持つものがあります。世界人口の30％以上を占《し》め、信徒は24億《おく》人いるとも言われるキリスト教を信仰《しんこう》する人が多い国では、「クリスマス」が12月の大きな行事です。学校や会社なども12月中旬《ちゅうじゅん》から「クリスマス休暇《きゅうか》」（2週間くらい）に入るところが多く、日本とは大きく異《こと》なります。クリスマスが宗教《しゅうきょう》的《てき》な行事であり、ニューイヤーイブは宗教色《しゅうきょうしょく》のないイベントやパーティーが中心となります。

また「旧暦《きゅうれき》」（月の満《み》ち欠《か》けで一ヶ月の長さが決められている）を行事に採用《さいよう》している国である中国、台湾《たいわん》、ベトナム、マレーシア、インドネシアなどの新年は「新暦《しんれき》」とは異《こと》なります。「年越《としこ》しの行事」は1月21日頃《ごろ》から2月20日頃《ごろ》までの間で、「新暦《しんれき》」の1月1日よりずっと盛大《せいだい》に祝われます。

年越《としこ》し

和語

年越《としこ》しは一年の最後の日、グレゴリオ暦《れき》「新暦《しんれき》」を採用《さいよう》している日本では12月31日です。多くの国がグレゴリオ暦《れき》を採用《さいよう》しています。日本の年越《としこ》しは寺院で「除夜《じょや》の鐘《かね》」を108回鳴らしたり、家族の縁《えん》が長く続くこと、長寿《ちょうじゅ》などを願って「長い」年越《としこ》しそばを食べる風習があります。この風習は江戸《えど》時代から続くもので「年越《としこ》しそばは除夜《じょや》の鐘《かね》が鳴り終わるまでに」食べ終わることが重要です。

大晦日《おおみそか》

漢語

一年の最後の日、欧米《おうべい》では賑《にぎ》やかにカウントダウンのイベントをおこなう国が多く、ニューヨークやパリでのカウントダウンはテレビ中継《ちゅうけい》されるほどです。スペインではぶどうを12粒《つぶ》食べる習慣《しゅうかん》があります。デンマークでは大晦日《おおみそか》に友人や親戚《しんせき》の家の玄関《げんかん》ドアに古い皿《さら》を投げつけて割るという風習があります。お皿《さら》を割ると幸運が訪《おとず》れるとされているのです。

ニューイヤーイブ

外来語

「ニューイヤーイブ」は英語の New《ニュー》 Year's《イヤーズ》 Eve《イブ》 から来た外来語です。イブは「前夜」の意味があり、新年の前夜である大晦日《おおみそか》を指します。

ニューイヤーイブには「レーザー光線ショー」や「花火の打ち上げ」などが世界のあちこちでおこなわれます。地球上すべての人が平和な年を迎《むか》えられるように、それぞれの祝い方で祝うのです。

和語

出盛《でさか》り

漢語

旬《しゅん》

外来語

シーズン

「出盛《でさか》り」は季節の農産物が市場にたくさん出回ることを言います。日本には春夏秋冬があるので、農産物の「出盛《でさか》り」の時期はさまざまで、季節によって「旬《しゅん》」の農産物があります。

春：たけのこ、ふき、菜《な》の花、新じゃがいも　など

夏：トマト、なす、枝豆《えだまめ》、きゅうり

秋：栗《くり》、さつまいも、銀杏《ぎんなん》、松茸《まつたけ》

冬：大根、白菜、長ねぎ、ほうれんそう、かぶ

しかし、近年たいていの農産物は一年中スーパーに並《なら》んでいて、「出盛《でさか》り」には価格《かかく》が多少安くなりますが、「旬《しゅん》」にしか出ないものは少なくなっています。

季節を感じるスポーツに相撲《すもう》があります。相撲《すもう》は「シーズン」ごとに1月場所（初場所）、3月場所（春場所）、5月場所（夏場所）7月場所（名古屋場所）、9月場所（秋場所）、11月場所（九州場所）と1年間に6回おこなわれます。大相撲《おおずもう》の1場所は15日間です。チャンスがあったらぜひ相撲《すもう》を観戦《かんせん》してみてください。

出盛《でさか》り

和語

果物《くだもの》にも「出盛《でさか》り」の時期があります。みなさんは買い物のお手伝いをしますか？「いちご」（春）「すいか」（夏）「柿《かき》」（秋）「みかん」（冬）などは季節になると店にたくさん並《なら》びます。スーパーに並《なら》ぶものから季節を感じることができますね。「出盛《でさか》り」の頃《ころ》に食べると、より「おいしさ」を感じることができますよ！

旬《しゅん》

漢語

「今が旬《しゅん》」という言葉があります。季節ごとに食べ頃《ごろ》を迎《むか》える食材について使うことが多いです。

みなさんの学校の給食《きゅうしょく》にも「春：春の香りの七草ご飯・ごぼうチップスサラダ」「夏：七夕《たなばた》そうめん・なすの味《み》噌炒《そいた》め」「秋：しめじ入りメンチカツ・ハロウィンのかぼちゃ」「冬：大根パスタ・アップルカスタード」などが出るのではありませんか？　旬《しゅん》の食材は栄養価《えいようか》が高く、安くて新鮮《しんせん》などのメリットがあります。

シーズン

外来語

「シーズン」は英語のseason《シーズン》（季節）の外来語です。春は花見、夏は海水浴《かいすいよく》、秋は月見、冬は雪遊び。「夏の甲子園《こうしえん》」「秋のぶどう狩《が》り」など「シーズン毎《ごと》にくり返されるイベント」もたくさんあります。四季のある日本に住んでいて良かったですね！

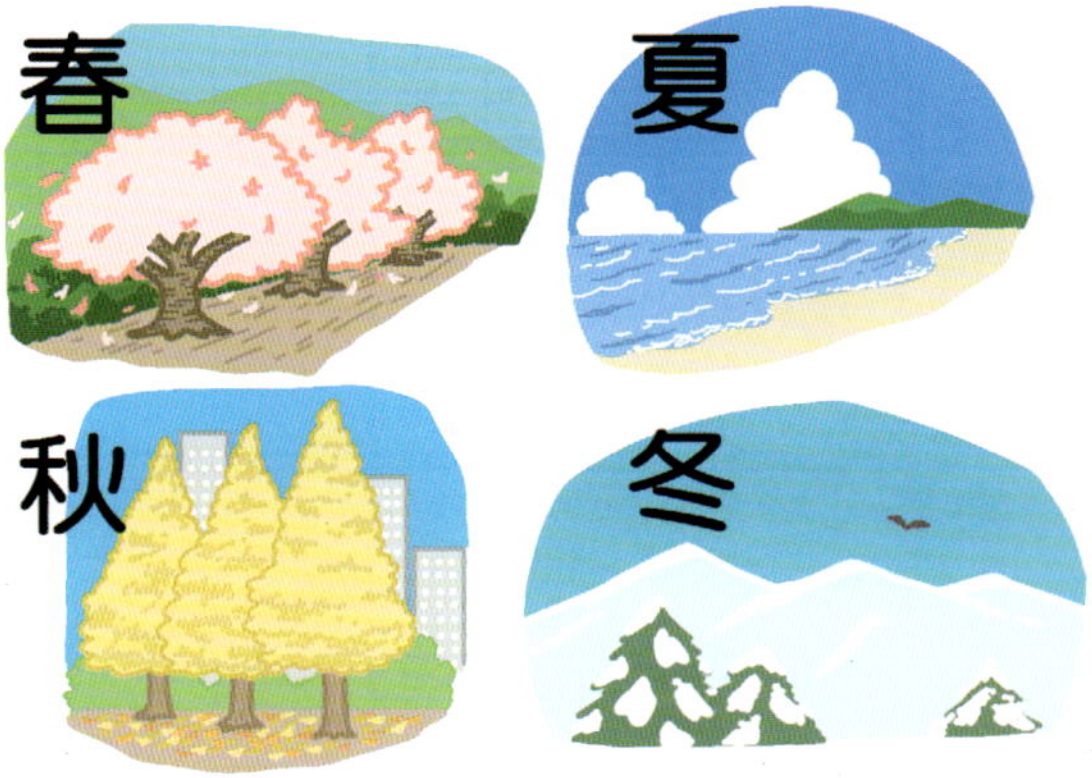

和語

天《あま》の川

漢語

銀河《ぎんが》

外来語

ミルキーウェイ

「天《あま》の川」は夏の夜空にまるで天に流れる「川」のように見える「棒渦巻銀河《ぼううずまきぎんが》」の一種です。直径《ちょっけい》は約10万光年と推定《すいてい》されています。「銀河《ぎんが》」は数千億個《おくこ》の恒星《こうせい》などが集まっている天体のことです。

宮沢賢治《みやざわけんじ》の作品「銀河《ぎんが》鉄道の夜」は、天《あま》の川にかかる北の白鳥座《はくちょうざ》から南の南十字星へと旅する幻想的《げんそうてき》な物語です。図書館でさがして読んでみてください。宮沢《みやざわ》賢治《けんじ》は岩手県出身の童話《どうわ》作家で、詩人で教育者でもあります。

「ミルキーウェイ」はギリシャ神話に由来《ゆらい》する言葉で、「飲むと不死身になる乳《ちち》を持つ女神ヘラが、赤ちゃんに乳《ちち》を飲ませた際に飛び散ったミルクがミルキーウェイとなった」という言い伝えがあります。数年前ニュージーランドのテカポ湖畔《こはん》で、友人が「あれがミルキーウェイ」と天を指さしました。「天《あま》の川」が夜空にくっきりとミルクの川のように見えた思い出があります。

天《あま》の川

和語

七夕《たなばた》は「織姫《おりひめ》と彦星《ひこぼし》」が「天《あま》の川」の上で一年に一度だけ出会うという伝説に基《もと》づいた夏祭りです。日本各地でおこなわれますが、特に「仙台七夕《せんだいたなばた》まつり」は有名です。また「天《あま》の川」は夏から秋へと移《うつ》り変わる「秋の季語」になっていて、多くの俳句《はいく》が詠《よ》まれています。「荒海《あらうみ》や　佐渡《さど》に横たふ　天《あま》の川」（松尾芭蕉《まつおばしょう》）。佐渡《さど》ヶ島《しま》の前に荒《あ》れた海がまるで天《あま》の川のように横たわっています」など。

銀河《ぎんが》

漢語

「銀河《ぎんが》」と聞いてイメージするのは雄大《ゆうだい》で荘《そう》厳《ごん》な天体集団です。地球から見える夜空の星はほとんどが銀河系《ぎんがけい》にあり、わたしたちのいる地球（太陽系《けい》）は銀河系《ぎんがけい》の端《はし》の方にあります。

「銀河系《ぎんがけい》」は2000億《おく》もの星で成り立っているとされ、その雄大《ゆうだい》なスケールから「銀河《ぎんが》」は歌の歌詞《かし》やアニメ、小説などに登場してきました。

ミルキーウェイ

外来語

「ミルキーウェイ」は英語 Milky《ミルキー》 Way《ウェイ》 から来た外来語ですが、まだ日本語としては定着していません。英語として使う時は the《ザ》 Milky《ミルキー》 Way《ウェイ》 のように the《ザ》 をつけて、意味は「天《あま》の川」「銀河《ぎんが》」です。「銀河《ぎんが》」は英語では galaxy《ギャラクシー》 と言う別の表現があります。

和語

暦《こよみ》

漢語

七曜表《しちようひょう》

外来語

カレンダー

日本の「暦《こよみ》」は古代から江戸《えど》時代初期までは中国暦《れき》を輸入《ゆにゅう》して使っていました。江戸《えど》時代になると西洋暦《れき》も参考にした暦《こよみ》がつくられるようになりました。明治6年からは現在《げんざい》のグレゴリオ暦《れき》が使われています。

「七曜表《しちようひょう》」は暦《こよみ》のうち曜日や祝日の属性《ぞくせい》や他の日との関係を書いたものです。七《しち》曜《よう》とは古代中国の天文学で五星「木・火・土・金・水」に「日・月」を加えたものです。これを元に吉兆《きっちょう》が占《うらな》われました。

「カレンダー」は古代バビロニア（日本では縄文《じょうもん》時代の頃《ころ》）で僧侶《そうりょ》によって太陰《たいいん》暦《れき》がつくられたのがはじまりとされます。「月」や「日」の概念《がいねん》もここから生まれました。古代ローマでは古代エジプトで発明された「太陽暦《たいようれき》」を使っていました。地球が太陽の周りを回る公転周期をもとに1年を365日としたものです。

暦《こよみ》

和語

日本の「暦《こよみ》」が「グレゴリオ暦《れき》」になったのは明治6年です。諸《しょ》外国と外交上のいろいろな取り決めをする時に、同じ日時、時間を採用《さいよう》したことでやり取りが容易《ようい》になりました。そして日本が「文明国家」の仲間であることをアピールすることにもなりました。世界の人々と月日を合わせることで、わたしたちは現在《げんざい》の様子を知り、未来を思い描《えが》きます。

日本の暦《こよみ》には「大安《たいあん》」「友引《ともびき》」など吉凶《きっきょう》をあらわす言葉が書かれているものもあります。

グレゴリウス13世

七曜表《しちようひょう》

漢語

「七曜表《しちようひょう》」は中国の天文学からつくられた1週7日の暦《こよみ》です。

暦《こよみ》には先勝《せんしょう》、友引《ともびき》、先負《せんぶ》、仏滅《ぶつめつ》、大安《たいあん》、赤口《しゃっこう》と六《ろく》曜《よう》が書かれたものがあります。主に冠婚葬祭《かんこんそうさい》の儀式《ぎしき》の時に使用されています。「先勝《せんしょう》」は午前中は吉、午後2時～6時までは凶《きょう》です。「友引《ともびき》」は結婚《けっこん》や出産の祝い事は良いのですが、葬式《そうしき》や法事は「友を死に引き寄《よ》せる」として避《さ》けられます。

カレンダー

外来語

「カレンダー」には、その年の月や日、曜日を示《しめ》すだけでなく、行事が書かれたものもあります。アメリカにはキング牧師《ぼくし》誕生日《たんじょうび》（1月の第3月曜日）やワシントン誕生日《たんじょうび》（2月の第3月曜日）、独立《どくりつ》記念日（7月4日）など、アメリカの歴史を感じさせる祝日があります。他の国のカレンダーも見てみましょう。

似顔絵《にがおえ》

和語

肖像画《しょうぞうが》

漢語

ポートレート

外来語

「似顔絵《にがおえ》」「肖像画《しょうぞうが》」はある人の顔の特徴《とくちょう》をとらえて描《か》いた絵のことです。

「似顔絵《にがおえ》」はその人の顔をキャラクター化して描《か》いたものが多いのに対して、「肖像画《しょうぞうが》」はあくまでもリアリティーをもとめて実物そっくりに描《か》かれていて、品《ひん》格《かく》があります。

「誕生《たんじょう》祝い」「進級祝い」「卒業《そつぎょう》祝い」などの記念の品に、かわいい雰囲気《ふんいき》で描《か》かれている似顔絵《にがおえ》は人気があります。「世界に一つだけの贈《おく》り物《もの》」としてあなたも描《か》いてみませんか？

「ポートレート」は「肖像画《しょうぞうが》」と訳《やく》されますが、写真の場合はモデル（被写体《ひしゃたい》）が撮《と》られることを意識《いしき》している写真を言います。人物にピントを合わせ、背景《はいけい》をぼかすなどの工夫《くふう》も必要です。

似顔絵《にがおえ》　和語

パリのモンマルトルの丘に行った時、広場には数十人の「似顔絵描《にがおえか》き」がいて、驚《おどろ》きました。日本ではそんな光景を見たことがなかったからです。「20ユーロ」と言われて、わたしも一人の「似顔絵描《にがおえか》き」の前に座《すわ》りました。わたしの顔の特徴《とくちょう》がよく描《か》かれていて感心したものです。日本では「公認似顔絵師《こうにんにがおえし》」という資格《しかく》もあります。

肖像画《しょうぞうが》　漢語

西欧諸国《せいおうしょこく》の美術館《びじゅつかん》に行くと、「歴代の統治者《とうちしゃ》やアーティストなどの肖像画《しょうぞうが》」を見ることができます。ロンドンにはナショナル・ポートレート・ギャラリーという「肖像《しょうぞう》画《が》だけを展示《てんじ》する美術館《びじゅつかん》」もあります。年代順に1100点以上の作品が展示《てんじ》されています。

日本では肖像画《しょうぞうが》の特別展などで天皇《てんのう》や武将《ぶしょう》の姿《すがた》を見ることができます。また教科書にも「肖像画《しょうぞうが》」が載《の》っていると、それだけで人物が記憶《きおく》に残ります。

ポートレート　外来語

みなさんはデジタルカメラでよくスナップ写真を撮《と》ると思います。素敵《すてき》だなと思った瞬間《しゅんかん》を残せるのがスナップ写真の長所です。一方、「ポートレート」は前もって写真家とモデルが話し合って構図《こうず》を決めて、撮影《さつえい》することが多いです。商品の広告写真などは笑顔のモデルをプロカメラマンが撮影《さつえい》し、何枚《まい》もの写真から売りたい商品に合うベストの写真を選んでいるのです。

すぐできる
和語

即席《そくせき》
漢語

インスタント
外来語

「すぐできる遊び」には道具がなくても遊べる「ジェスチャーゲーム」や「しりとり」「クイズ」などがあります。また「すぐできるレクリエーション」には「伝言ゲーム」や「なぞなぞ」があります。

「すぐできる料理」（即席《そくせき》料理）はありあわせの材料で手早くつくれる料理のことです。最近は仕事が忙《いそが》しくて家事にさける時間のない人向けに、電子レンジを使った「即席《そくせき》料理のレシピ」がたくさんあります。「即席《そくせき》でつくったとは思えない料理」もあります。みなさんもつくってみましょう。

インスタントには「即席《そくせき》」という意味もあり、「インスタントカメラ」「インスタントコーヒー」なども日本語として定着しています。非《ひ》常食《じょうしょく》用に「インスタント麺《めん》」はどこの家庭でも用意しているのではないでしょうか？

すぐできる　和語

「すぐできる防災《ぼうさい》グッズ」を紹介《しょうかい》します。新聞紙があれば、新聞紙でコップの形をつくりビニール袋《ぶくろ》を被《かぶ》せることでコップとして使えます。また大きなゴミ袋《ぶくろ》は頭と両手を通す部分に穴《あな》を開け、頭からすっぽり被《かぶ》ればレインコートとして雨や粉《ふん》塵《じん》から身を守ることができます。懐中電灯《かいちゅうでんとう》とペットボトルを使うとランタンもできますよ。

即席《そくせき》　漢語

「即席《そくせき》」は「その場ですぐすること」「手間のかからないこと」という意味で「即席麺《そくせきめん》」などを思い浮《う》かべます。みなさんは「即席《そくせき》のスピーチ」をしたことがありますか？　友だちの誕生日《たんじょうび》パーティーでスピーチを頼《たの》まれたり、卒業式《そつぎょうしき》の謝恩会《しゃおんかい》で突然《とつぜん》スピーチを頼《たの》まれることがあるかもしれません。そんな時「即席《そくせき》スピーチ」だからと慌《あわ》てるのではなく、にこやかに堂々《どうどう》と明るい声でスピーチしましょうね。

インスタント　外来語

「インスタント」は英語のinstant《インスタント》をカタカナで表記した外来語です。すぐにできること、手間のかからないことを意味します。また「インスタント食品」の略《りゃく》として使われます。「インスタント食品」は元の食品を乾燥《かんそう》や冷凍《れいとう》などの方法で加工し、粉末《ふんまつ》や固形にして簡単《かんたん》に調理できるようにした食品のことで、レトルト食品（調理済《ず》みの食品を袋詰《ふくろづ》めにしたもの）とは区別されています。

和語

新しい考え方

漢語

独創的《どくそうてき》

外来語

オリジナル

最近、ランチタイムなどに行列のできる店をよく見かけます。看板《かんばん》には「当店だけのオリジナルスープ」「オリジナルカレー」などと書かれています。スープやカレーの味つけが「独創的《どくそうてき》」で、きっと「新しい考え方」からふつうのレシピにはない素材《そざい》が使われているのでしょう。

文芸《ぶんげい》作品や音楽などには「オリジナル性《せい》」があり、「独創的《どくそうてき》」で「新しい考え方」があるものは本として出版されたり、テレビドラマになったり、コンサートで多くの人に演奏《えんそう》されたりします。

「風の谷のナウシカ」「天空の城ラピュタ」は、１９８５年にスタジオジブリがアニメーション・スタジオとしてスタートする発端《ほったん》となった作品です。「現代性《げんだいせい》のあるテーマ」という「新しい考え方のストーリー性《せい》」「独創的《どくそうてき》な構図《こうず》」「オリジナル性《せい》のある作品の制作」というコンセプトは世界でも珍《めずら》しいのです。みなさんも「新しい考え方」「独創性《どくそうせい》」「オリジナル」を大切にして、将来《しょうらい》何かを産み出してみましょう!

新しい考え方

和語

2019年に小学校６年生が「新しい考え方」で考案した「洗濯《せんたく》バサミ収納具《しゅうのうぐ》」が特許《とっきょ》を取得《しゅとく》しました。洗濯《せんたく》物から取り外《はず》した洗濯《せんたく》バサミはバラバラに容器《ようき》に収納《しゅうのう》されることが多いのですが、これは「洗濯《せんたく》バサミが自動的に同じ向きに揃《そろ》う」というアイデアです。特許《とっきょ》は「新しい考え方（アイデア）」について与《あた》えられ、考えた人の権利《けんり》を保護《ほご》するものです。

独創的《どくそうてき》

漢語

「となりのトトロ」に出てくる「トトロ」はとても独創的《どくそうてき》な生き物です。「コマを使って空を飛ぶという独創性《どくそうせい》」「独創的《どくそうてき》な外見」で世界の子どもたちに知られています。多くの物語には「独創的《どくそうてき》な設定《せってい》」があってワクワクします。物語の世界で「独創的《どくそうてき》な生き方をする人たち」に出会いましょう！

オリジナル

外来語

日本語にはカタカナで書かれる「日本でつくられた英語風のオリジナル語」がたくさんあります。「キャッチボール」「タオルケット」「バックネット」「サラリーマン」「（車の）ハンドル」「シュークリーム」「バズる」「ググる」、これらは英語を話す時にうっかり使ってしまいそうです。お茶の時間に「シュークリームはいかがですか？」「えっ、シュークリーム？ 靴《くつ》のクリームですか？」。

知っているようで知らない？日本語のルール

わたしたちは毎日あたりまえに日本語を使っています。しかし、実はその中に日本人も意識《いしき》していない「日本語の隠《かく》れたルール」があるのを知っていますか？

今、介護《かいご》にも使われるコミュニケーションロボットは簡単《かんたん》な日常《にちじょう》会話ができます。利用者に朝は「**おはようございます**」、昼は「**こんにちは**」、そして夜は「**こんばんは**」と話しかけます。もし、このロボットを家族の一人として考えると、この挨拶《あいさつ》はちょっと変だと思いませんか？　朝の「おはよう」はわたしたちも家族に使いますが、「こんにちは」「こんばんは」は家族には使いません。こんなルールもロボットの「日本語」に教え込《こ》んでおかないと、介護《かいご》される方はロボットをいつまでも「家族のように」思えないのではないでしょうか？　日本語の隠《かく》れたルールの一つです。

友だちと一軒《けん》の家の前にいます。「留守《るす》かな～。誰《だれ》もいないみたい」、実は二人は共通の友だちの家を訪《たず》ねてきたのです。でも屋根の上に猫《ねこ》がいます。

「あ、猫《ねこ》がいるよ。あれK君が飼《か》っている猫《ねこ》じゃない？」

「車庫に車や自転車はあるけど、きっと外出中なんだね」

該当箇所《がいとうかしょ》に傍線《ぼうせん》を引いてください。「猫《ねこ》―いる」「車・自転車―ある」と「**いる**」と「**ある**」が使い分けられていますね。日本語では「生物」には「いる」、無生物には「ある」と使い分けるルールがあります。

いる：先生、家族、大統領《だいとうりょう》、アナウンサー、操縦士《そうじゅうし》、馬、羊、犬、虫 など

ある：ソファー、ベッド、体育館、図書館、交番、公園、デパート など

しかし、生物でも「ある」を使う場合があります。「庭には梅の木が2本ある」のように「木」は生物ですが、動かないので「ある」を使います。無生物の「バス」や「タクシー」も運転手さんが運転して車が動いている場合には「あ、あそこにタクシーがいるから呼《よ》びましょう」のように「いる」を使います。タクシーを擬人化《ぎじんか》しているとも考えられます。ただし、タクシーが車庫に入っている場合は「ある」を使います。

池に「魚がいる」、でもテーブルの上に「魚の刺《さ》し身《み》がある」、魚も生きている時は「いる」ですが、刺《さ》し身《み》になってしまうと「ある」と使い分けられます。

まで・までに：「起きなさい！ 何時まで寝《ね》ているつもり？」とお母さんに起こされました。

「12時までに起きるからもう少し寝《ね》かせて！」

この会話では「まで」と「までに」が使い分けられています。「～まで」は「寝《ね》ている」という動作が継続《けいぞく》している時に使われます。それに対して「までに」はある一定の時間帯の「どこか」を指します。この場合は「12時」です。

日常《にちじょう》生活でよく使うのに、気づいていない日本語のルールは他にもたくさんあります。みなさんで見つけてみませんか？

●編著：佐々木 瑞枝（ささき みずえ）

京都府生まれ、山口大学教授（1988年～1993年）、横浜国立大学教授（1993年～2003年）を経て武蔵野大学大学院教授（2003年～2013年）、現在同大学名誉教授、金沢工業大学客員教授、釜山外国語大学名誉文学博士、Asahi Evening Newsコラムニスト（1985年～1996年）。『日本語ってどんな言葉？』（筑摩書房）で第44回産経児童出版文化賞受賞（1997年）、専門は日本語教育学、文部科学省検定国語教科書（中学、光村図書出版）に書き下ろし文掲載。主な著作『外国語としての日本語 その教え方・学び方』（講談社現代新書）、『日本語を「外」から見る』（小学館101新書）、『何がちがう？ どうちがう？ 似ている日本語』『知っているようで知らない日本語のルール』（以上、東京堂出版）、『クローズアップ日本事情15 日本語で学ぶ社会と文化』（ジャパンタイムズ出版）他多数。

●イラスト：下田 麻美（しもだ あさみ）

中央美術学園卒業後、フリーのイラストレーターとして活動。

最近では別名義シモダアサミとして漫画の執筆活動も行っている。

主な作品に『中学性日記』（双葉社）、『あしながおねえさん』（芳文社）、『恐怖のなぞが解けるとき 3分後にゾッとするラスト』（汐文社）などがある。

同じ？ ちがう？ 使い方を考えよう！
和語《わご》 漢語《かんご》 外来語《がいらいご》
③「幸せ・幸福・ハッピー」表現編《へん》

発　行　2025年３月　初版第１刷発行

編　著　佐々木　瑞枝
発行者　三谷 光
発行所　株式会社 汐文社
〒102-0071　東京都千代田区富士見1-6-1　富士見ビル1F
電話：03-6862-5200　FAX：03-6862-5202
URL：https://www.choubunsha.com/
印　刷　新星社西川印刷株式会社
製　本　東京美術紙工協業組合

ISBN978-4-8113-3146-1　NDC814